AF438308

LES VICTIMES

D'ISABELLE II LA CATHOLIQUE

EX-REINE D'ESPAGNE

PAR

BENJAMIN GASTINEAU

Ancien correspondant politique de la *Democracia* (de Madrid).

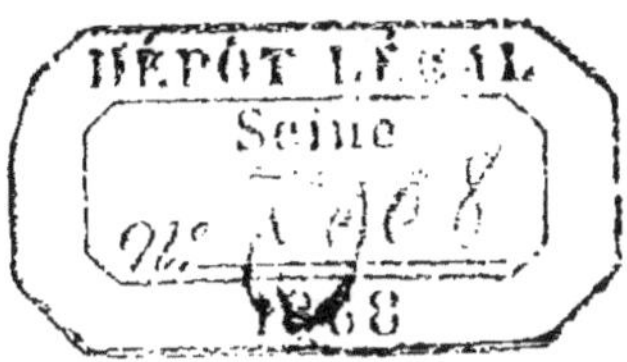

—◦◦○〇⧳○◦◦—

PARIS

ARMAND LE CHEVALIER, LIBRAIRE-ÉDITEUR

61, RUE RICHELIEU, 61

—

1868

LES VICTIMES

D'ISABELLE II LA CATHOLIQUE

En 1866, j'étais le correspondant parisien de la *Democracia*, journal du parti démocraiique avancé en Espagne.

Hippolyte Magen, exilé politique de décembre 1851, qui, entre parenthèses, a prospéré à Madrid, m'avait procuré ce poste en me faisant connaître au directeur de la *Democracia* : Emilio Castelar, l'un des premiers journalistes et des orateurs les plus populaires de l'Espagne.

Ce que je n'avais jamais trouvé en France depuis le coup d'Etat de décembre qui a fait descendre au-dessous de zéro le theromètre politique de notre pays, la complète liberté d'expression, le bonheur de dire ce qu'on pense dans la forme qui vous plaît, je le trouvai dans les colonnes de la *Democracia*.

Partie de Paris, ma correspondance, traduite littéralement en Espagnol, était intégralement publiée ; c'est donc avec une certaine volupté que ma prose, captive au rivage du Franc, s'émancipait et devenait libre au sein de la péninsule ibérique.

Mais si je ne me gênais en aucune façon pour traiter librement tous les sujets de la politique, Emilio Castelar et ses collaborateurs dépassaient encore de beaucoup mon expression.

Rien de plus mâle, de plus vigoureux, de plus solide que leurs articles.

Chaque jour, ils rappelaient à l'Espagne ses pages glorieuses, et, les comparant aux hontes du règne d'Isabelle et de ses ministres, ils invitaient leurs compatriotes à se séparer d'un gouvernement jésuite et fangeux, servi par d'ignobles fonctionnaires.

Comme un magnifique *crescendo*, la note de la rédaction du journal de Madrid grossit et s'enfla jusqu'au moment où elle appela ouvertement le peuple espagnol à l'insurrection.

Pendant trois jours, la *Democracia*, qui m'arrivait régulièrement, me manqua ; cette lacune annonçait une crise.

En effet, le 21 et le 22 juin 1866, l'orage éclata à Madrid et en Catalogne. Des frontières du Portugal, le général Prim avait lancé un manifeste insurrectionnel, auquel avaient répondu en Catalogne les généraux et aides de camp Pierrad, Contreras et Balrich.

On sait l'issue de cette formidable insurrection de Madrid qui mit sérieusement en question le trône vermoulu d'Isabelle. Si elle avait eu de l'écho dans les autres provinces de l'Espagne, nul doute qu'elle eût réussi, car elle dépassa en intensité les insurrections de 1848 et de 1854.

Mais la Catalogne donna peu ; le mouvement y fut promptement étouffé ! L'action révolutionnaire se concentra dans la capitale de l'Espagne.

L'insurrection était cette fois plus civile que militaire : elle comptait bien dans ses rangs trois bataillons du 5e régiment d'artillerie de la caserne San-Gil, qui, maîtres des clefs du parc et de l'arsenal, s'étaient emparés des armes et des munitions, mais, en même temps que ces braves soldats, tous les chefs de la démocratie madrilène, dirigeant les forces et les groupes populaires, avaient marché sans sourciller aux barricades.

Pendant deux jours, on se battit avec un furieux acharnement dans tous les quartiers de Madrid, notamment rue de Tolède, place de la Cebada, dans les rues qui débouchent sur la Puerta del Sol, ainsi que dans la calle Mayor.

Ce terrible soulèvement populaire ne fut réprimé par les maréchaux Narvaez, Concha et les autres chefs de l'armée royale qu'en versant des flots de sang.

Quelques milliers d'hommes tués et quinze cents pariotes arrêtés, tel fut le dénouement tragique de cette prise d'armes de la population de Madrid.

La réaction déchaîna toutes ses hydres, que saluèrent avec enthousiasme les journaux officieux de l'Empire français. Le gouvernement demanda aux Cortès de suspendre l'article 7 de la Constitution, en faisant la promesse dérisoire de rendre compte à la prochaine session de l'usage qu'il aurait fait de ses pouvoirs. On fusilla, on déporta, on condamna aux présides, aux galères, les citoyens qui avaient pris les armes contre le despotisme de la reine Isabelle. Les patriotes qui, grâce à la connivence de la population madrilène, échappèrent à l'arrestation et à la fusillade furent condamnés à mort par contumace.

En outre, toute la presse démocratique était frappée. La *Democracia*, la *Discussion*, la *Iberia*, el *Pueblo* étaient supprimées ; les scellés avaient été apposés sur leurs imprimeries. Ces quatre journaux viennent de reparaître à Madrid.

Fusillade et confiscation de la propriété, c'est ce que les dictatures militaires et les royales tyrannies appellent le rétablissement de l'ordre.

Je connaissais par les dépêches télégraphiques le glorieux naufrage du journal dont j'étais le collaborateur.

Mais qu'était devenu son rédacteur en chef, c'est ce qui m'inquiétait fort, car la vigueur de ses premiers-Madrid ne me permettait pas de douter qu'il n'eût confirmé sur les barricades son appel aux armes.

Emilio Castelar était-il mort, était-il vivant ? Voilà la question que je m'adressais avec d'autant plus d'anxiété que deux journalistes de Madrid, dont on ne donnait pas les noms, avaient été tués sur les barricades.

Ayant appris au café de Madrid que des réfugiés espagnols se réunissaient dans le salon du milieu, je me risquai à les aborder. Ils me prirent au premier instant pour quelque gibier de police, mais après leur avoir donné mon nom et montré une lettre du rédacteur en chef de la *Democracia*, ils n'eurent plus de défiance, s'ouvrirent à moi et m'indiquèrent les groupes formés par les Espagnols proscrits. Les uns demeuraient à Paris, les autres dans les environs, à Boulogne et à Auteuil.

Je me rendis à Auteuil avec un de mes anciens collègues de transportation, Leballeur-Villiers, enthousiaste de l'Espagne où il s'était réfugié en brisant ses fers de transporté en Afrique et en cinglant courageusement vers les îles Zafarinas. Une barque portant un officier et deux soldats français suivit la sienne de près et aborda presqu'en même temps que lui. Mais le transporté politique avait touché le sol de l'Espagne, il était libre !

Le gouverneur de l'île défendit énergiquement Leballeur-Villiers contre les réclamations et les prétentions de l'officier français, en lui rappelant qu'il n'y avait d'extradition que pour les criminels, et non pour les politiques.

L'officier français, battu dans sa triste revendication, dut revenir seul au rivage algérien. On comprend maintenant pourquoi Leballeur aimait les Espagnols.

Comme Leballeur, mon excellent camarade S. Serey (de Lot-et-Garonne) s'évada de l'Algérie et fut accueilli avec la plus vive cordialité par le commandant et les officiers de la garnison espagnole des îles Zafarinas. La maison du gouverneur fut quelque temps la sienne.

Ces faits, attestant la noblesse des sentiments et la grandeur de caractère des Espagnols, peuvent se passer de tout commentaire

Tous deux, Leballeur et moi, nous nous rendîmes donc à Auteuil, et nous demandâmes à la concierge de la villa Montmorency de nous décliner les noms des Espagnols qui demeuraient dans la villa.

Emilio Castelar s'y trouvait.

Nous nous arrêtâmes à la porte de la maison qu'on nous avait indiquée et qui était placée comme un nid au milieu d'arbres feuillus.

Une servante espagnole vint nous ouvrir et nous introduisit au salon d'attente.

La réception fut cordiale ; avec la sobriété et la dignité espagnoles, Castelar nous dit tout simplement qu'il n'avait fait que son devoir en se ruinant pour la cause de la liberté, en sacrifiant la propriété de son journal et en se battant au milieu des rangs du peuple madrilène.

N'ayant heureusement reçu aucune blessure, Castelar avait pu se réfugier quelque temps chez un patriote, et, après avoir appris sa condamnation à mort par les juges du chacal Narvaez, il avait franchi sans encombre la frontière française.

C'est ainsi qu'un grand nombre de républicains militants purent se soustraire à la griffe sanglante d'Isabelle et de ses généraux. Toute la population de Madrid, favorable à l'insurrection, avait protégé et couvert de ses sympathies les nobles combattants de la liberté !

— Vous voyez devant vous, mes amis, un Espagnol ruiné et condamné à mort, dit gaiement Emilio Castelar en achevant son récit.

— Peut-être l'êtes-vous moins que la monarchie pourrie d'Isabelle, lui répliqua Leballeur, qui, à ce moment, ne croyait peut-être pas prédire si juste et si vrai.

Avant de nous séparer de l'ancien rédacteur en chef de la *Democracia*, il fallut bon gré mal gré accepter une invitation à dîner pour le lendemain à la villa Montmorency, où Castelar devait réunir beaucoup de réfugiés espagnols. D'ailleurs notre amphitryon ajouta en riant qu'il tenait essentiellement à nous faire manger de l'olla podrida et boire des vins d'Espagne.

Le lendemain, nous fûmes exacts au rendez-vous. Une trentaine de proscrits dont la physionomie énergique traduisait éloquemment les sentiments, se trouvaient réunis autour d'une table couverte de mets arrangés à la façon espagnole et de vins de tous les crûs d'Espagne.

A notre entrée, nous avions échangé de chaudes poignées de mains avec les représentants de la démocratie espagnole, tous bannis ou condamnés à mort contumax. Parmi eux se trouvait Fernando Garrido, l'un des courageux signataires du dernier manifeste révolutionnaire de la Catalogne, qui a appelé le peuple aux armes et proclamé la République fédérale.

Garrido avait été condamné deux fois à subir la peine capitale, le supplice du garrot (garotte), après avoir pris une part active à deux insurrections vaincues.

La première fois, Garrido échappa à une mort certaine en s'évadant; la seconde fois, mis en chapelle à Séville, il priait ses bourreaux d'abréger ses tortures, d'en finir vite et rejetait avec indignation la présence et les services du confesseur *in extremis* qu'on lui offrait, lorsque la porte lui fut ouverte par ceux-là mêmes qui étaient chargés de le garder.

Voici comment et pourquoi :

Des groupes d'hommes du peuple de Séville avaient entouré les artilleurs préposés à la surveillance de Garrido. Ils reprochaient véhémentement à l'officier de service, — c'était un lieutenant, — de commander à de vils espions, en lui affirmant que Garrido avait été arrêté sur la dénonciation d'un artilleur de son bataillon.

Aucune expression ne saurait peindre l'irritation que ressent un soldat ou un officier de l'armée espagnole quand retentit à son oreille la qualification infamante de *moscardon*, de *delator*, d'agent ou de complice de la police. Les soldats de ce pays sont encore citoyens.

Hors de lui, le lieutenant d'artillerie donna d'abord un démenti formel à ces accusations formulées par des patriotes qui allaient voir mourir un de leurs chefs, puis, faisant un silence et se ravisant, il s'écria :

— Eh bien ! il ne sera pas dit que des artilleurs espagnols pourront être accusés d'avoir espionné, dénoncé et fait arrêter un homme !

Et le lieutenant ordonna à ses soldats de faire mine de lutter contre la pression populaire, pendant que sortirait, par une porte de derrière, le condamné à mort.

Un tumulte s'éleva. L'attaque et la défense furent simulées. Le lieutenant d'artillerie sauva l'honneur de son corps, Fernando Garrido sa peau et son cou du *garotte*.

La plupart des invités espagnols de la maison d'Auteuil auraient pu nous narrer des histoires à peu près semblables, car tous avaient vaillamment joué leur tête au milieu des luttes de la liberté ; mais, en ce moment, l'intérêt était à *l'olla podrida* plutôt qu'au *garotte*.

Une fois attablés, on se demanda en quelle langue on dialoguerait. Les quelques convives français n'étant pas familiarisés avec la langue d'outre-Pyrénées, et la majorité des Espagnols présents, entre autres Garrido, Castelar et un avocat célèbre de Madrid, dont le nom m'échappe, parlant et écrivant parfaitement le français, ce fut dans notre langue que la conversation politique s'engagea.

Nous fûmes heureux d'apprendre, de la bouche des combattants madrilènes, que le mouvement de juin 1866 était entièrement démocratique, et que le parti radical comptait, à Madrid, en Catalogne, en Aragon et en Andalousie, de nombreux adeptes.

En effet, par ses *fueros*, par ses libertés locales, ses franchises municipales fort étendues, par les chartes que ses provinces et ses communes arrachèrent peu à peu à la despotique royauté, l'Espagne se prête mieux qu'aucun autre pays à la forme républicaine fédérative, tandis qu'il est impossible d'admettre que la monarchie, synonyme d'abaissement, puisse jamais s'accorder avec les instincts de fierté et d'indépendance caractérisant l'Andalou, l'Aragonais, le Castillan, le Catalan, le Navarrais, le Madrilène, bref tous les habitants de l'Espagne, depuis le señor jusqu'à l'ouvrier, jusqu'au plus petit paysan, qui s'estiment *caballero* à l'égal du noble et du grand d'Espagne.

Ce qui sauvera toujours ce beau pays de la décadence politique et morale où d'autres peuples de race latine sont tombés, ce sont les sentiments de dignité et de noblesse de ses enfants.

Un pays qui croit à l'honneur et à la liberté ne meurt pas ; du moins il garde toujours assez de force pour remonter l'abîme.

Tras los Montes, derrière les Pyrénées, la boutique, la préoccupation mercantile, n'a pas éteint, absorbé ni dépravé l'homme, resté debout, fier, rude et droit comme ses pittoresques monts. La servilité n'a pu s'y acclimater.

Nos amis d'Espagne, Castelar et Garrido, repoussèrent, les premiers, par une vigoureuse sortie, cette opinion hasardée d'un convive français que l'insurrection de 1866 aurait fatalement tourné au profit exclusif de quelques ambitieux de l'armée.

« Faite par des démocrates de Madrid et de Barcelone, son succès eût amené la république, la fédération démocratique. » Telle fut la réplique unanime des Espagnols.

Et certes il n'y avait pas à douter de telles paroles confirmées par l'animation des gestes et les éclairs d'acier des regards de ces nobles réfugiés.

Je passe sous silence le portrait à l'huile de la reine

Isabelle la Catholique et de son entourage qui fut grassement peint par l'une de ses victimes ; certains détails ne pourraient trouver leur place ici.

Le débat s'étendant et s'élevant, on aborda la politique générale et on proclama comme la seule issue possible aux débats des peuples contre le despotisme, l'ère et l'avénement des Etats-Unis d'Europe, la constitution démocratique des différentes nations réglant librement leurs rapports politiques et commerciaux, établissant une amphictyonie composée de représentants élus par chaque groupe européen.

Le banquet hispano-français se terminera par de chaleureux toats aux démocrates de l'Espagne.

Réconfortés mutuellement par cette communion, par l'énergique affirmation des libertés politiques nécessaires à la vie des peuples, Espagnols et Français se séparèrent après s'être promis de travailler ardemment à la grande œuvre de l'émancipation humaine.

Peut-être l'histoire concise de la Révolution de février et de ses suites que nous retraçâmes en abrégé à la table des proscrits Espagnols contribuera-t-elle à préserver des escamotages politiques, des mystifications plus ou moins constitutionnelles ou carlistes, tous ces réfugiés, tous ces exilés, ces internés, ces condamnés à mort aujourd'hui rentrés triomphalement dans leur pays dont ils vont régler les destinées, qui seront républicaines, si nous ajoutons foi aux espérances radieuses qu'ils manifestèrent dans la réunion de la villa d'Auteuil.

Garrido, Castelar et leurs amis n'avaient pas tort de nous prédire alors que l'Espagne était à la veille de la régénération. L'événement est venu confirmer leurs enthousiastes prédictions. Des exilés Espagnols rentrant dans leur patrie libérée de la tyrannie ont poussé, l'autre jour, les cris nourris de *Vive l'Espagne !* en croisant à la station de Biarritz le convoi qui contenait la reine Isabelle, son intendant Marfori, des généraux sans épée, des ministres sans portefeuille, et qui ramenait morte la monarchie des Bourbons dont l'Espagne est enfin complètement délivrée, après avoir souffert un siècle et demi son despotisme.

D'ailleurs, après avoir entendu sous les ombrages d'Auteuil les éloquentes affirmations des courageux défenseurs de la cause démocratique en Espagne, nous ne pouvions douter de son succès définitif. Je reçus la même impression favorable lorsqu'en 1864 je publiai dans la *Loire illustrée* les portraits des colonels mexicains, la plupart de race espagnole, internés à Tours, qui tous m'affirmèrent le triomphe prochain de la République et la défaite de notre triste expédition au Mexique. Par les réfugiés politiques, on juge assez bien de la valeur et des chances de leur cause.

Mais pendant que les compatriotes du Cid et de Riego réunis à Auteuil exprimaient le ferme espoir de relever leur pays et de l'arrêter sur la pente de sa décadence, nous autres français nous nous demandions pourquoi la patrie de la Révolution resterait seule en arrière et n'entrerait pas aussi dans la grande arène des peuples libres ?

Telle était l'amère réflexion que nous nous communiquions encore en quittant la villa Montmorency et en emportant le souvenir fraternel, la meilleure impression morale de ce contact de quelques heures avec les dignes représentants de la démocratie espagnole.

Paris, 6 octobre 1868.

3887   Paris, — Imp. Dubuisson et Cᵉ, rue Coq-Héron, 5.

OUVRAGES

DE

BENJAMIN GASTINEAU